para

_____

de

_____

**Para Amélia, Harriet,
Lucie e Jay A.A.**

Texto de Lois Rock
Ilustrações copyright © 2003 Alex Ayliffe
Esta edição copyright © 2006 Lyon Hudson

Os direitos morais do autor e do ilustrador estão reservados

Lion Children's Book
Uma impressão de
Lion Hudson plc

Mayfield House, 256 Banbury Road,
Oxford OX2 7DH, Inglaterra
www.lionhudson.com
ISBN-13: 978-0-7459-6005-0
ISBN-10: 0-7459-6005-7

ISBN 978-85-369-0128-2

3ª reimpressão

Todos os direitos em língua portuguesa reservados
à **EDITORA SANTUÁRIO** — 2015

 Composição, impressão e acabamento:
EDITORA SANTUÁRIO - Rua Padre Claro Monteiro, 342
12570-000 — Aparecida-SP — Fone: (012) 3104-2000

Bíblia
de Aparecida
para crianças

Texto de
Lois Rock

Ilustrações de
Alex Ayliffe

Tradução de
Pe. José R. Vidigal

EDITORA
SANTUÁRIO

Sumário

Antigo Testamento

No Princípio 10

Noé e a Arca 22

Vovô Abraão 34

José e seu Sonho 46

Moisés
e o Rei 58

O valente Josué 70

Davi e sua Canção 82

Jonas e a Baleia 94

Daniel e os Leões 106

As Orações de Neemias 118

Novo Testamento

O Menino Jesus 132

Jesus vai crescendo 144

Jesus e seus Amigos 156

O Buraco no Teto 168

A Barca
na Tempestade 180

O Bom Samaritano 192

A Ovelha Perdida 204

Uma Oração para toda Hora 216

Perto do Fim 228

A Boa Notícia 240

Índice 252

Querido Deus,
Aqui estão histórias da Bíblia.
Ajude-me a escutar.

Querido Deus,
Aqui estão histórias da Bíblia.
Ajude-me a imaginar.

Querido Deus,
Aqui estão histórias da Bíblia.
Ajude-me a entender.

Antigo Testamento

No Princípio

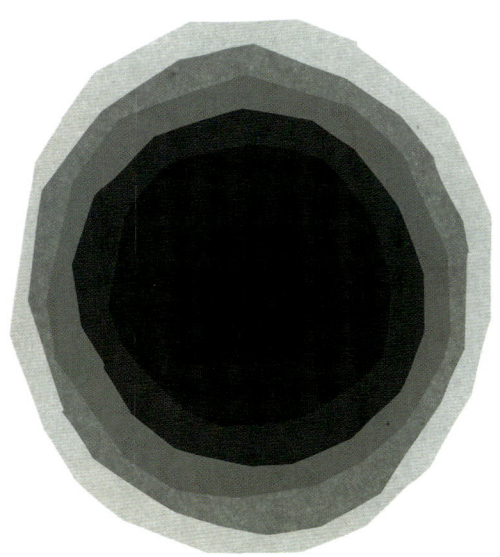

Imagine a escuridão.
Uma escuridão
bem escura.
Imagine a escuridão
mais escura possível.

No princípio não
existia nada,
só escuridão.

Então Deus falou:

"Apareça a luz".

E a primeira luz brilhou radiosa.

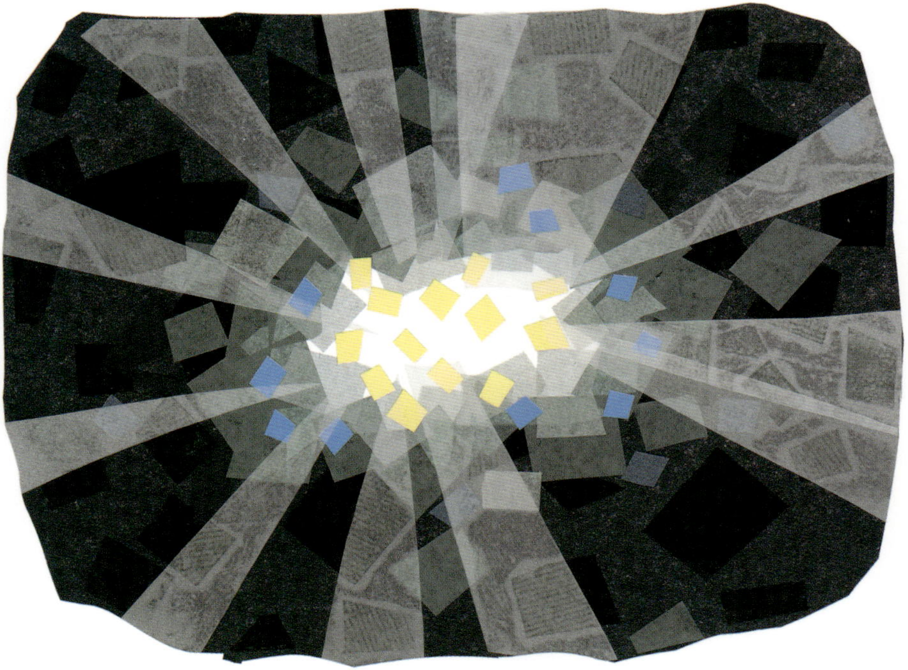

Deus estendeu o céu em cima do mar e formou a terra fazendo os montes e os vales.

Deus cobriu de plantas a terra: gramados e flores, vegetais e árvores.

O sol começou a brilhar de dia, e à noite era a vez da lua e das estrelas.

Deus fez todas as criaturas:

Os pássaros que voam nos céus;

e os peixes que nadam nos mares.

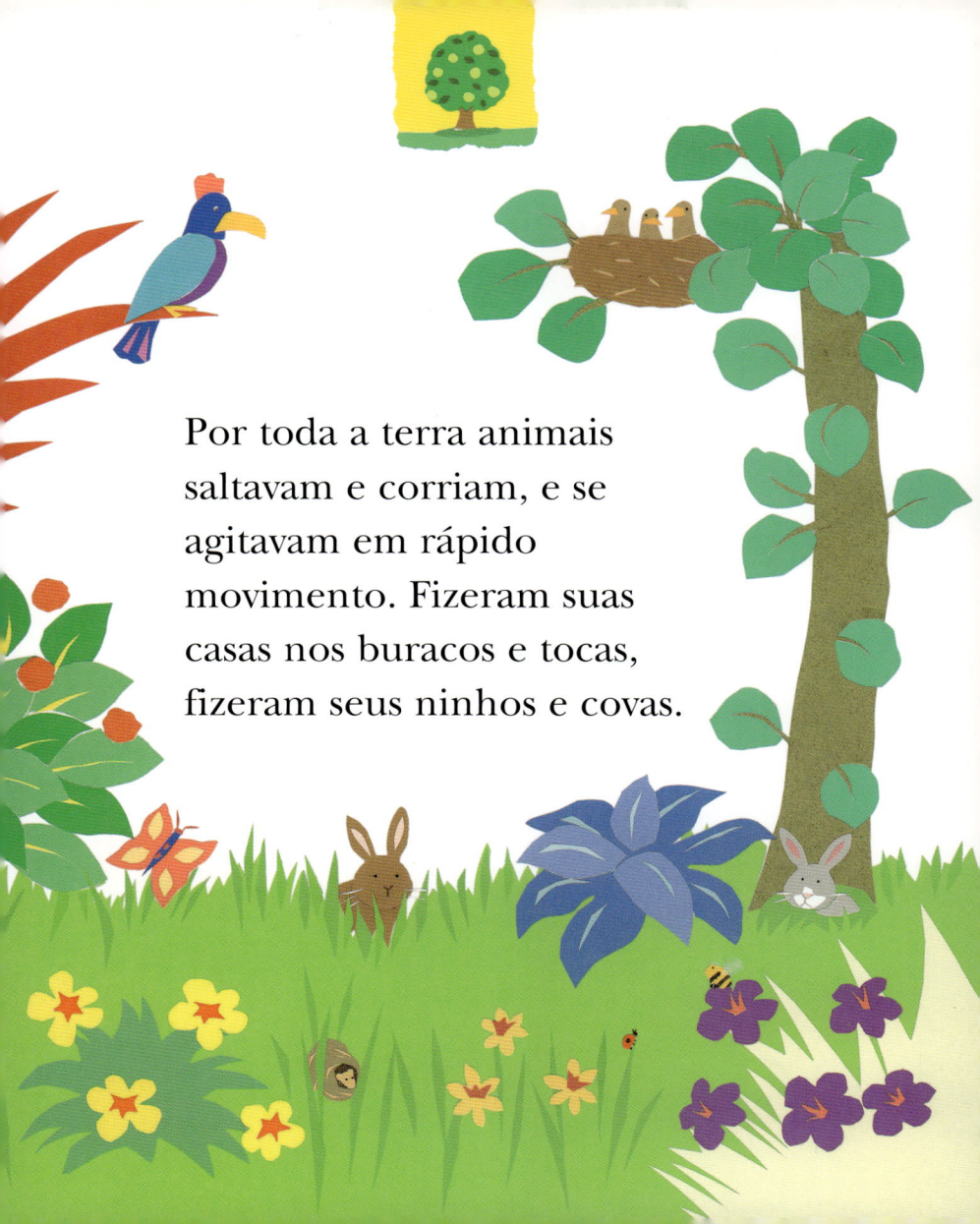

Por toda a terra animais saltavam e corriam, e se agitavam em rápido movimento. Fizeram suas casas nos buracos e tocas, fizeram seus ninhos e covas.

Depois Deus fez o ser humano – o homem e a mulher. "Sejam bem-vindos", disse Ele. "Vocês são meus amigos e eu quero que vivam tranquilos e felizes. Cuidem deste bonito mundo que fiz para vocês."

"Não queiram nunca saber das coisas más: elas só servem para fazer vocês ficarem tristes."

Tudo era perfeito...

Aconteceu, certo dia, que as pessoas quiseram descobrir as coisas más junto com as coisas boas.

A serpente mostrou o que precisavam fazer: comer uma fruta que Deus tinha proibido de comer.

O mundo deles mudou.

Não eram mais bons amigos de Deus.

Em vez disto, sentiram-se sozinhos num mundo mau. Tinham de trabalhar com muito esforço para conseguir tudo o que precisavam.

"Será que as coisas podem voltar a ser boas?", perguntavam. Desde então as pessoas fazem a mesma pergunta.

Noé e a Arca

Muito tempo depois, Deus olhou para baixo para ver o mundo.

Deus tinha feito um mundo bom. Mas agora as pessoas estavam estragando-o.

Elas estavam numa briga contínua.

Deus disse: "Eu me arrependo de ter feito o mundo. Vou dar uma lavada nele".

Deus viu que só havia
um homem bom: Noé.

E disse a Noé:
"Quero que você faça
uma grande barca.
Ela se chamará arca".

Noé ficou encabulado.

"Vai haver um dilúvio", disse Deus.
"Você deve pôr a sua família na arca,
para salvá-la."

Noé começou a fazer a arca.

Deus disse: "Noé, ponha também os animais na arca. Ponha um pai e uma mãe de cada espécie de animal".

Noé e sua família tiveram trabalho para fazer o que Deus estava mandando.

Então começou a chover. Choveu muito.
O mundo inteiro ficou inundado.

A arca flutuou sobre as águas
durante dias e mais dias.

Afinal, a chuva parou.
As águas começaram
a baixar.

Bump! A arca de Noé bateu
no alto de uma montanha
e lá ficou presa.

Noé soltou um corvo.
Ele voou e voou,
sem parar.

Noé soltou uma pomba.
A primeira vez, ela logo voltou.

Soltou-a de novo, e ela voltou com um ramo de oliveira no bico.
Na terceira vez, ela não voltou mais.

"Deve ter encontrado terra seca", disse Noé.

De fato, logo a terra secou e Noé tirou todos da arca. Os animais foram depressa fazer suas novas moradias.

"Obrigado, Deus, por nos ter salvado", disse Noé.

Deus estava contente. "Olha", disse Deus, "meu arco-íris está no céu. Ele é uma promessa de que vou conservar o mundo inteiro salvo para sempre".

Vovô Abraão

Muito antigamente, viveu um homem chamado Abrão. Sua família era muito rica.

Eles tinham ovelhas e cabras,
gado, jumentos e camelos.

Certo dia, Deus
falou com Abrão.

"Abrão, eu quero que você saia da casa de seu pai e vá para uma nova terra."

"Escolhi você para ser o pai de muita gente. Você e sua família vão levar minha bênção ao mundo todo."

Abrão acreditou que era verdade
o que Deus estava dizendo.
Partiu logo com sua esposa,
Sarai, seus parentes e seus animais.

Chegaram à terra de Canaã.
"Você pode morar aqui",
disse Deus.

Era uma terra boa, mas Abrão
tinha de encontrar pastagem
para seus animais.

Deviam ficar sempre passando de um lugar
ao outro. A vida era dura muitas vezes.
De vez em quando eles ficavam tristes.

"Será verdade o que Deus disse?",
pensou Abrão.

Certa noite, Deus conversou com Abrão
outra vez. "Olha para as estrelas do céu...
são tantas que é impossível contar",
disse Deus. "Você vai ser o pai de muita
gente... de tanta gente, que será
impossível contar."

Abrão acreditou que era verdade o que
Deus estava dizendo.

Deus disse: "Vou dar a você e a Sarai
nomes novos. Você se chamará Abraão:
o pai, o vovô Abraão.

Sua esposa será chamada Sara:
a mãe, a vovó Sara".

Muitos anos se passaram. Abraão e Sara ainda não tinham filhos.

Abraão suspirava e assim falou. "Posso ainda crer que vai acontecer o que Deus disse?"

Sara olhava para os filhos dos outros e suspirava, dizendo: "Acho difícil acreditar que é verdade o que Deus disse".

Finalmente, certo dia
nasceu o filho
de Sara e de Abraão.
Deram-lhe o nome
de Isaac.

"Deus me fez tão feliz!
Posso sorrir de novo",
disse Sara. E ela teve
a certeza de que haveria
de ser a mãe, a avó
de muita gente.

"É tempo de felicidade", disse Abraão. "Agora a gente sabe que o que Deus diz é verdade."

Ele estava certo de que um dia haveria de ser o pai, o avô de muita gente.

José e seu Sonho

José estava usando sua mais bonita túnica. Estava sentindo-se vaidoso.

Seu bisavô era Abraão.

Seu avô era Isaac.

Seu pai era Jacó.

Foi Jacó que deu a José a túnica bonita.
Era mais bonita que as outras que tinha
dado aos irmãos mais velhos.

José pensava que ele era muito importante.

Seus irmãos mais velhos ficaram
com muita inveja.

Certo dia, os irmãos de José foram ver as cabras e as ovelhas de seu pai. Jacó mandou José ver se tudo estava bem.

Então os irmãos o agarraram e tomaram-lhe a túnica. Depois viram alguns comerciantes que passavam. Venderam José a eles.

Os comerciantes levaram José para um país chamado Egito.

Os irmãos de José contaram ao pai, Jacó,
que ele tinha morrido. Jacó ficou muito triste.

No Egito, José foi vendido como escravo. Tinha de dar duro no serviço. Então alguém contou uma mentira a respeito de José e ele foi posto na cadeia.

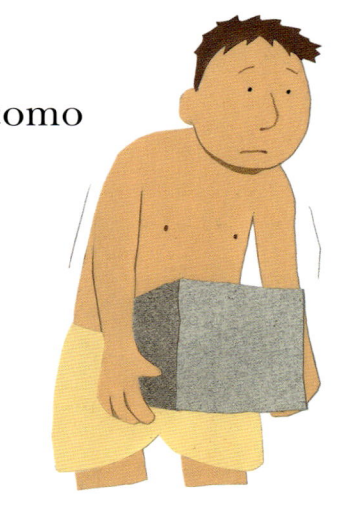

Lá ninguém se importava com José. Mas Deus ajudou José a entender sonhos e a explicar o sentido deles.

Certo dia, o grande rei do
Egito teve um sonho estranho.
Alguém mandou chamar José.

José entendeu o sonho do rei e explicou:

"Vai haver sete anos de boas colheitas e sete anos de colheitas ruins. Escolha uma pessoa sábia que guarde o trigo das boas colheitas; e com ele alimente o povo quando as colheitas forem ruins".

O rei escolheu José.
Ele tornou-se muito rico
e muito importante.

Os anos maus chegaram. José era encarregado de distribuir o trigo guardado nos celeiros.

Chegaram de muito longe dez homens com fome.

Inclinaram-se diante do importante funcionário e disseram que queriam comprar alimento.

José viu que eles eram seus irmãos, mas eles não sabiam quem ele era.

José ia castigá-los ou ia ser bom com eles?

José tinha grande vontade de conhecer seu irmão mais novo, Benjamim. Mandou que os outros fossem buscá-lo.

Por fim, José contou aos irmãos quem ele era. E disse: "Foi Deus que ordenou tudo o que aconteceu. Fui mandado para o Egito a fim de poder salvar vocês agora".

José convidou toda a sua família
para ir morar no Egito.
E lá eles ganharam suas casas.

Moisés e o Rei

Quando Míriam era menina, gostava de dançar tocando pandeiro. Gostava também de ouvir histórias junto com seu irmãozinho, Aarão.

Gostavam da história do pai-avô Abraão.

"Deus prometeu a Abraão uma terra que seria nossa", dizia a mãe de Míriam. "Nossa família veio para o Egito muitos anos atrás para procurar alimento aqui. Agora o rei do Egito fez de nós escravos.

Agora o rei quer matar nossos meninos", disse ela soluçando.

"Que vai acontecer com meu irmãozinho novo?", perguntou Míriam.

Ele foi posto numa cesta
e escondido no meio dos juncos.

Míriam viu quando a princesa do Egito chegou e encontrou o menino.

"Vou salvar a vida dele", disse a princesa. "Vou dar-lhe o nome de Moisés. Mas quem vai cuidar dele para mim?"

Míriam se apresentou e disse: "Eu posso achar alguém que tome conta do menino". E foi chamar sua mãe.

Quando ficou grande,
Moisés tornou-se um príncipe,
mas sabia que fazia parte
do povo escravo.

Certo dia, entrou numa briga
para socorrer um escravo,
e teve de fugir.

Moisés tornou-se pastor.

No deserto, ele viu uma coisa estranha: uma moita pegando fogo sem se apagar. Ouviu Deus falando: "Volte para o Egito, Moisés, e diga ao rei que deixe meu povo sair. Seu irmão vai ajudar você".

Juntos Moisés e Aarão foram ao palácio do rei.

"Não vou deixar seu povo sair", disse o rei.

Eles pediram de novo muitas
vezes, mas o rei sempre dizia:
"NÃO!"

"Deus quer que você deixe
nosso povo sair", disseram
Aarão e Moisés. "Se não deixar,
vai acontecer uma desgraça."

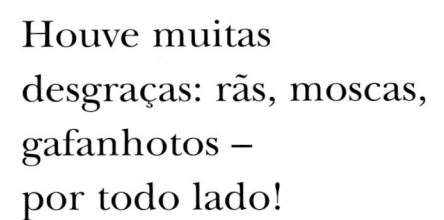

Houve muitas desgraças: rãs, moscas, gafanhotos –
por todo lado!

Aconteceu todo tipo de coisas terríveis.

Enfim, o rei chamou Moisés
e Aarão à sua presença.
"Saiam depressa!", disse ele.

Deus ajudou todos a fugir.
Eles partiram para a terra que Deus
tinha prometido ao pai-avô Abraão.

Moisés e Aarão guiavam a caminhada.

Míriam tocava seu pandeiro
e dançava, como fazia quando
era menina.

O valente Josué

Quando o caminho é difícil,
quem vai à frente?

Alguém que é forte
e valente.

Alguém assim
como Josué.

Enquanto Moisés conduzia seu povo para a terra prometida por Deus, ele observava Josué.

Quando Moisés falava ao povo as leis de Deus, ele notava que Josué sempre prestava atenção.

"Vocês devem amar a Deus mais que tudo, e devem amar os outros como amam a si mesmos", dizia Moisés.

Josué sempre obedecia e tentava
ajudar os outros a fazer
a mesma coisa.

O povo vagou por muitos
anos a caminho da nova terra.
Moisés ficou velho.

Ele escolheu Josué para guiar
o povo até a nova terra.
Josué chegou à margem
do Rio Jordão, na fronteira
da nova terra.

"Ensine o povo a obedecer minhas leis", disse Deus, "e eu o ajudarei a fazer da terra a sua morada".

O primeiro lugar ao qual o povo chegou foi a cidade de Jericó. Era uma cidade toda rodeada de muros. Fortes soldados faziam a guarda.

Deus disse a Josué o que devia fazer.

Josué mandou o povo caminhar ao redor
da cidade. Caminharam no primeiro dia.
Caminharam no segundo dia. Caminharam
no terceiro dia. Caminharam no quarto dia.
Caminharam no quinto dia. Caminharam no
sexto dia. Caminharam no sétimo dia. E então...

Os sacerdotes tocaram
as trombetas.

Todo o povo
gritou.

Os muros
de Jericó caíram.

O povo entrou na cidade.

Foi o primeiro passo para fazer daquela terra a sua morada.

Depois de tomar posse
da terra, Josué deu a
cada um a sua parte.

Mais tarde mandou que todos viessem para uma grande reunião.

E disse: "A terra que Deus nos deu é nosso lar. Eu decidi que vou viver sempre como Deus quer: Vou amar a Deus mais que tudo, e vou amar os outros como amo a mim mesmo. E vocês?"

"Vamos viver como Deus quer", respondeu o povo.

Davi e sua Canção

Quando era muito pequeno, Davi gostava de atirar pedras.

Quando ficou maiorzinho, aprendeu a atirá-las com uma funda.

Ele era tão bom atirador, que acertava tudo o que queria.

De noite, sua mãe lhe falava a respeito de Deus.

Ela lhe ensinou a rezar orações para agradecer a Deus tudo o que ele tinha e por todas as coisas que fazia.

Quando Davi cresceu mais, seu trabalho era tomar conta das ovelhas.

Ele atirava pedras para espantar os animais ferozes.

Davi nunca ficava com medo.
Cantava canções para agradecer
a Deus tudo o que
ele tinha e todas as
coisas que fazia.

Um dia, Davi foi visitar seus irmãos. Eles eram soldados. Estavam lutando contra ferozes inimigos.

Um dos inimigos era um gigante.

Estava vestido com uma couraça brilhante e tinha uma grande espada. "Eu sou Golias", berrava o gigante. "Se alguém puder me vencer, meu exército vai-se embora! Quem tem coragem de experimentar?"

"Eu tenho", disse Davi.
Pois Davi acreditava que
Deus estava sempre com
ele e o ajudaria a vencer.

"Você é pequeno demais", disseram seus irmãos.

"Você é pequeno demais", disse o rei.

"Mas eu luto até com leões, ursos e lobos, e sei que Deus está comigo", respondeu Davi.

"Tome cuidado", disseram eles.

E Davi foi.

Apanhou no
chão cinco pedras.

"Como você tem
coragem de lutar
contra mim desse
jeito!", disse o gigante.

"Tenho coragem porque Deus
está comigo", disse Davi.
E pôs uma pedra na funda.

Atirou.

O gigante
caiu no chão.

Quando Davi cresceu, tornou-se o rei do seu povo. E continou cantando canções a Deus por tudo o que ele tinha e por todas as coisas que fazia.

"Querido Deus, você é meu pastor,
Você me dá tudo o que preciso –
Minha comida, minha bebida,
Um lugar para descansar,
Sim, você é bom de verdade.

Quando o mundo inteiro parece triste
E coisas ruins me ameaçam,
Você sempre cuida bem de mim
E por isso não preciso ter medo.

Você me deu tantas coisas,
E todo mundo pode ver
A bondade especial
Que sempre tem para comigo."

Jonas e a Baleia

Jonas estava chateado. "Eu sou profeta", pensava ele. "Meu serviço é falar ao nosso povo a respeito de nosso Deus – o Deus que nos ama."

"Agora Deus quer que eu vá visitar nossos piores inimigos – nossos inimigos em Nínive. E por quê?"

"PORQUE DEUS QUER PERDOAR-LHES
TODAS AS COISAS MÁS
QUE FAZEM!"

"Pois bem, eu não vou."

Jonas foi até o mar.
Entrou numa barca,
uma barca que ia levá-lo
bem para longe de Nínive.

Então Deus mandou uma tempestade.

"É culpa minha", disse Jonas
aos marinheiros. "Lancem-me ao mar,
senão a tempestade vai fazer vocês todos
morrerem afogados." Assim fizeram.

A tempestade parou. Os marinheiros
da barca foram salvos.

Jonas foi para o fundo do mar, onde apareceu um grande peixe que o engoliu.

Jonas viu que era Deus que estava mandando o peixe.

"Socorro, socorro!", rezava ele.

O peixe cuspiu Jonas na praia.

De novo Deus mandou Jonas ir para Nínive. Desta vez ele foi.

"Escutem a mensagem de Deus!", gritava ele. "Parem de fazer coisas erradas. Senão, coisas terríveis vão acontecer."

O rei ouviu
a mensagem.

"Todo o mundo
deixe de ser mau",
ordenou ele.

Deus perdoou a todos.
Isto fez Jonas ficar
muito mal-humorado.

Fez para si uma pequena tenda.
Sentou-se lá dentro e ficou zangado.

"Por que você está com raiva?", perguntou Deus.

"O povo de Nínive fez coisas erradas",
disse Jonas. "Você não devia ter sido
bom com eles."

Deus fez crescer uma bonita
trepadeira na tenda de Jonas.

Ela dava uma sombra fresca.

No dia seguinte, Deus mandou um verme para comer a trepadeira e esta morreu.

O sol estava quente. O vento, mais ainda. Jonas estava mais zangado do que nunca.

"Por que você está com raiva?", perguntou Deus. "Estou com raiva por causa de minha pobre planta", disse Jonas.

"Você está com pena de uma planta?", disse Deus. "Pois eu tenho pena de todas as pessoas de Nínive e de todos os seus animais. Embora eles tenham sido maus, eu ainda gosto deles."

Daniel e os Leões

Daniel sempre fazia o que ele achava que estava certo.

Sempre fazia suas orações a Deus.

Obedecia sempre a Deus.

Daniel fazia o que ele achava que estava certo, mesmo quando tudo ia mal.

Num dia triste, os filhos-netos de Abraão perderam uma guerra contra os soldados inimigos.

Daniel foi um dos que foram levados presos. Ele foi para a Babilônia. Tudo estava indo mal.

Daniel continuou fazendo
o que ele achava que estava certo.

Sempre obedecia às leis de Deus.

O rei da Babilônia notou que
Daniel era um homem bom.
Deu-lhe um cargo importante.

Por isso, muitos outros
ficaram com inveja.

Esses foram falar com o rei.

"Ó rei", disseram, "você é tão grande e maravilhoso. Faça uma lei mandando castigar todo aquele que tratar outra pessoa como mais importante que você".

"Boa ideia", disse o rei.

"Mande que quem desobedecer seja lançado na cova dos leões", disseram os homens.

"Boa ideia", disse o rei.

Daniel notou que tudo estava indo mal.

Mas continuava fazendo o que achava que estava certo. Ainda rezava orações a Deus. Ainda obedecia a Deus.

Os homens vieram observá-lo. Viram o que ele estava fazendo.

Depois foram contar ao rei.

"Daniel está rezando ao Deus dele.
Pensa que seu Deus é maior que você."

O rei ficou triste. Agora devia
castigar Daniel.

Daniel foi jogado numa cova de leões famintos.

Tudo estava dando errado.

Daniel continuou fazendo
o que achava que estava certo.

Ainda rezava orações a Deus.

Ainda obedecia a Deus.

Na manhã seguinte, o rei foi ver o que tinha acontecido.

Daniel estava vivo. Deus não tinha deixado que os leões o atacassem.

"Viva!", disse o rei. "Vou fazer uma
lei mandando que todos respeitem
o Deus de Daniel. Ele será salvo
e aqueles homens maus serão castigados."

Tudo deu certo, e Daniel continuou
a fazer o que ele achava que era correto.

As Orações de Neemias

Neemias trabalhava no palácio do imperador da Pérsia. Certo dia, ele estava sentindo-se triste.

"Por que você está tão triste?", perguntou o imperador.

Neemias rezou uma oração a Deus.
Depois disse: "Minha pátria verdadeira
está longe. Nossa grande cidade
foi derrotada numa guerra.
Agora que acabou a guerra,
meu povo quer voltar e reconstruí-la".

O imperador deixou
Neemias partir para
ajudar a recons-
truir a cidade – a
grande cidade
de Jerusalém, na
terra dos filhos-
netos de Abraão.

Neemias montou
num jumento e
andou ao redor da
cidade, observando os
muros caídos.

Depois fez uma reunião com o povo todo.

"Deus me ajudou a vir para cá", disse ele.
"Quero ajudar a reconstruir a cidade."

"Vamos todos reconstruí-la",
respondeu o povo.

Todos puseram mãos à obra, e os muros começaram a subir...

a subir...

Outras pessoas vieram para observar. E riam, dizendo: "Vocês nunca conseguirão reconstruir uma cidade tão arrasada como esta".

Neemias rezou uma oração a Deus.
Em seguida falou ao povo:
"Não se preocupem com
o que os outros pensam".

Depois, Neemias ouviu dizer que algumas pessoas estavam planejando acabar com aquela obra.

"Não tenham medo", disse Neemias.

"Deus vai nos ajudar."
E mandou que metade das pessoas continuasse a construir enquanto a outra metade montava guarda com espadas e lanças – estavam preparados para proteger os construtores.

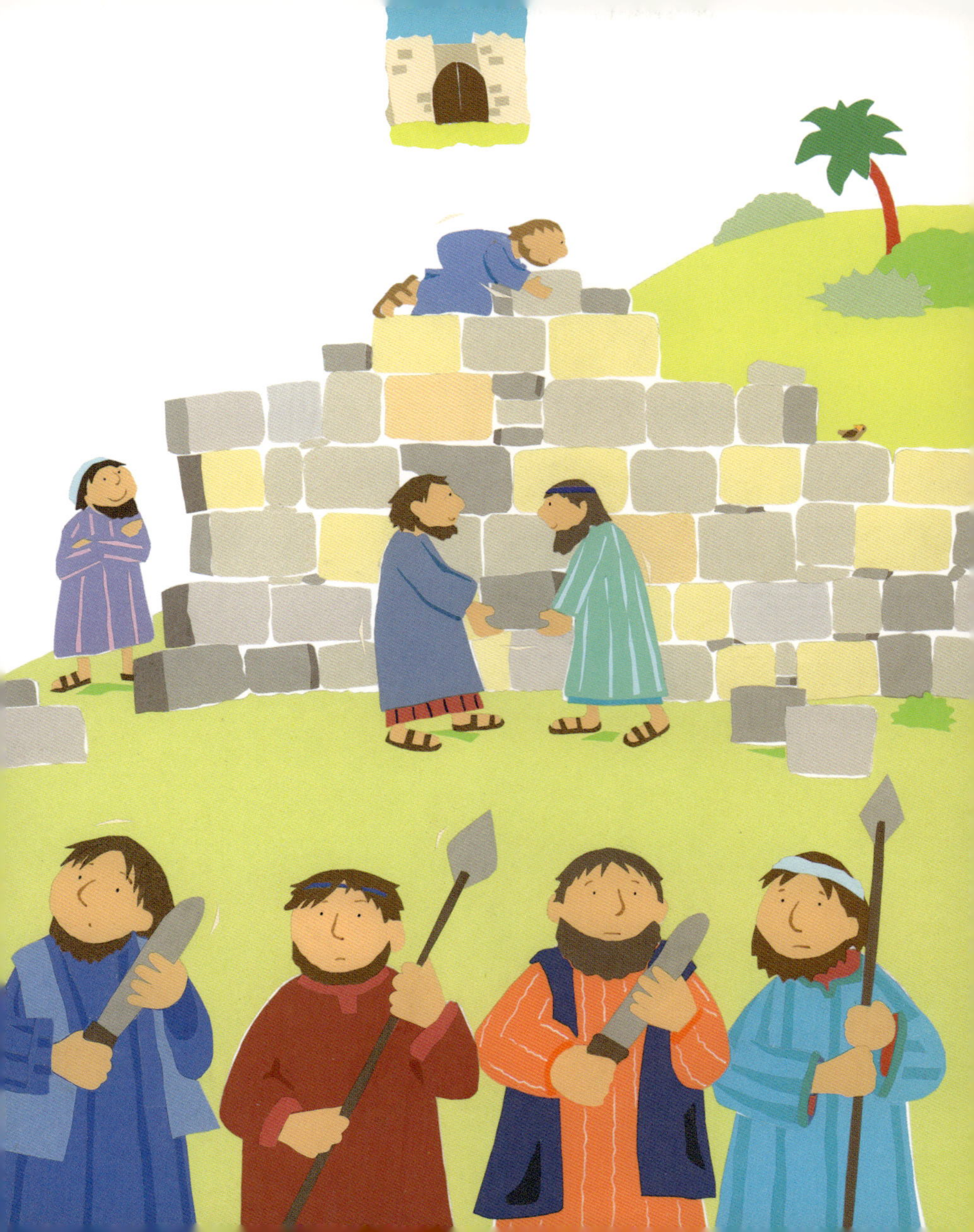

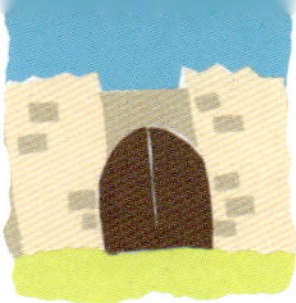

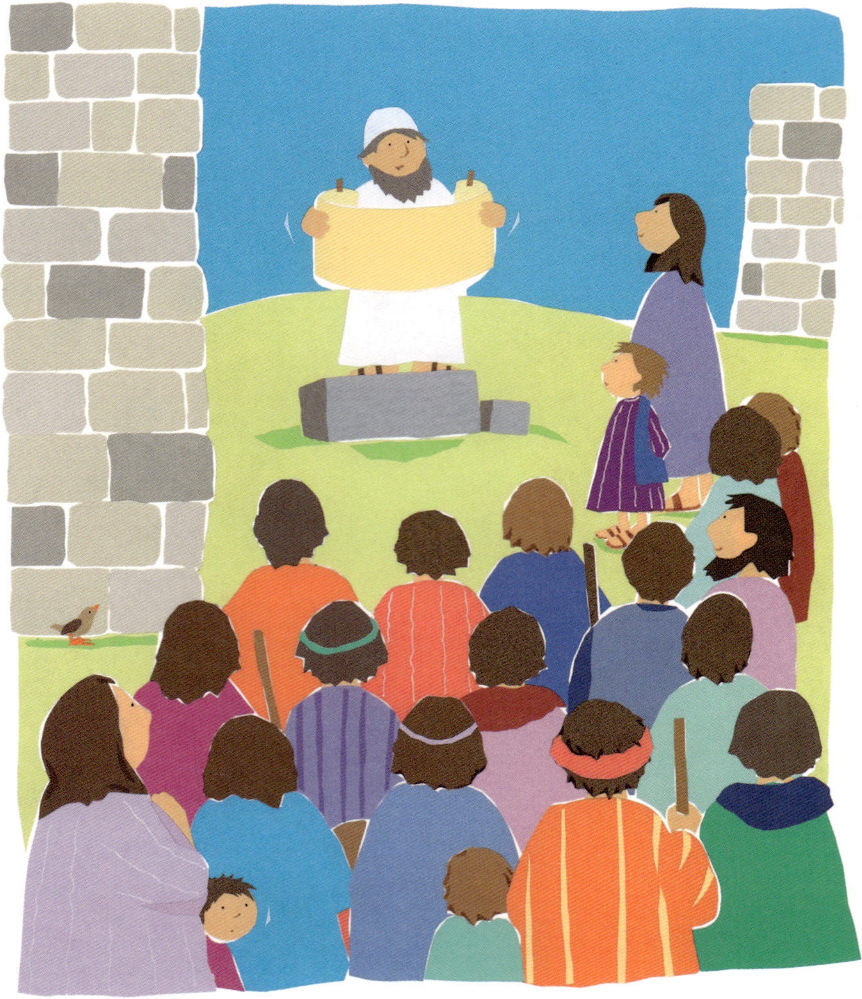

Enfim, a obra ficou pronta.
E todos vieram para uma grande reunião.

Um sacerdote fez a leitura das leis que
Deus tinha dado a Moisés:
"Amar a Deus mais que tudo,
e amar os outros como
a si mesmo".

Em seguida, todos rezaram
esta oração:

"Deus, você fez o mundo.
Você escolheu Abraão para
ser o pai-avô de nosso povo.
Você escolheu Moisés para nos
conduzir à liberdade. Você nos trouxe
para a nossa terra. Você nos deu boas leis.
Algumas vezes nós lhe desobedecemos
e, por nossa causa, as coisas deram errado.
Pedimos desculpas, e agora
prometemos seguir suas leis".

Neemias estava feliz.
Deus tinha respondido às suas orações.

Contem para mim
as histórias de Jesus.
Eu gosto de escutar.
São coisas que eu queria
perguntar a ele se estivesse aqui.
Coisas que aconteceram na beira
da estrada, na beira do mar.
Histórias de Jesus, contem
para mim.

Novo Testamento

O Menino Jesus

Na pequena cidade de Nazaré vivia uma moça chamada Maria. Ela estava prometida em casamento.

Um dia, um anjo foi visitá-la.

"Não tenha medo", disse o anjo.

"Deus escolheu você para uma coisa muito especial. Você vai ter um filho: o Filho do próprio Deus. Você lhe dará o nome de Jesus. Ele vai trazer as bênçãos de Deus para o mundo."

Maria ficou muito espantada, mas concordou. Disse: "Vou fazer o que Deus está querendo".

Maria estava aguardando para se casar com José. Mas quando José ouviu as notícias de Maria, ficou preocupado.

Então um anjo falou com ele em sonho: "Cuide de Maria. O filho dela é o Filho do próprio Deus. Ele vai trazer as bênçãos de Deus para o mundo todo".

José estava muito encabulado,
mas prometeu que ia cuidar de Maria.

E juntos eles viajaram para tomar
parte numa grande contagem
de pessoas que estava sendo feita.
Foram para Belém.

A cidade estava muito cheia de gente. O único lugar para ficar era um curral cheio de animais.

Ali nasceu o filho de Maria.
Ela o enrolou em faixas e colocou-o
para dormir numa manjedoura.

Nos campos lá perto,
os pastores estavam
vigiando suas ovelhas.
Um anjo lhes apareceu.

"Não tenham medo",
disse o anjo. "Esta noite,
em Belém, um
menino nasceu: é
o rei especial de
Deus, e ele vem
trazer as
bênçãos de
Deus para o
mundo."

Em seguida, todos os anjos juntos
cantaram alegres.

Os pastores foram a Belém.

Encontraram Maria e o menino,
justamente como o anjo havia falado.

Lá longe, à noite, uns magos viram uma estrela diferente brilhando no céu.

"É um sinal, um sinal de que um novo rei nasceu", disseram. "Devemos ir lá encontrá-lo."

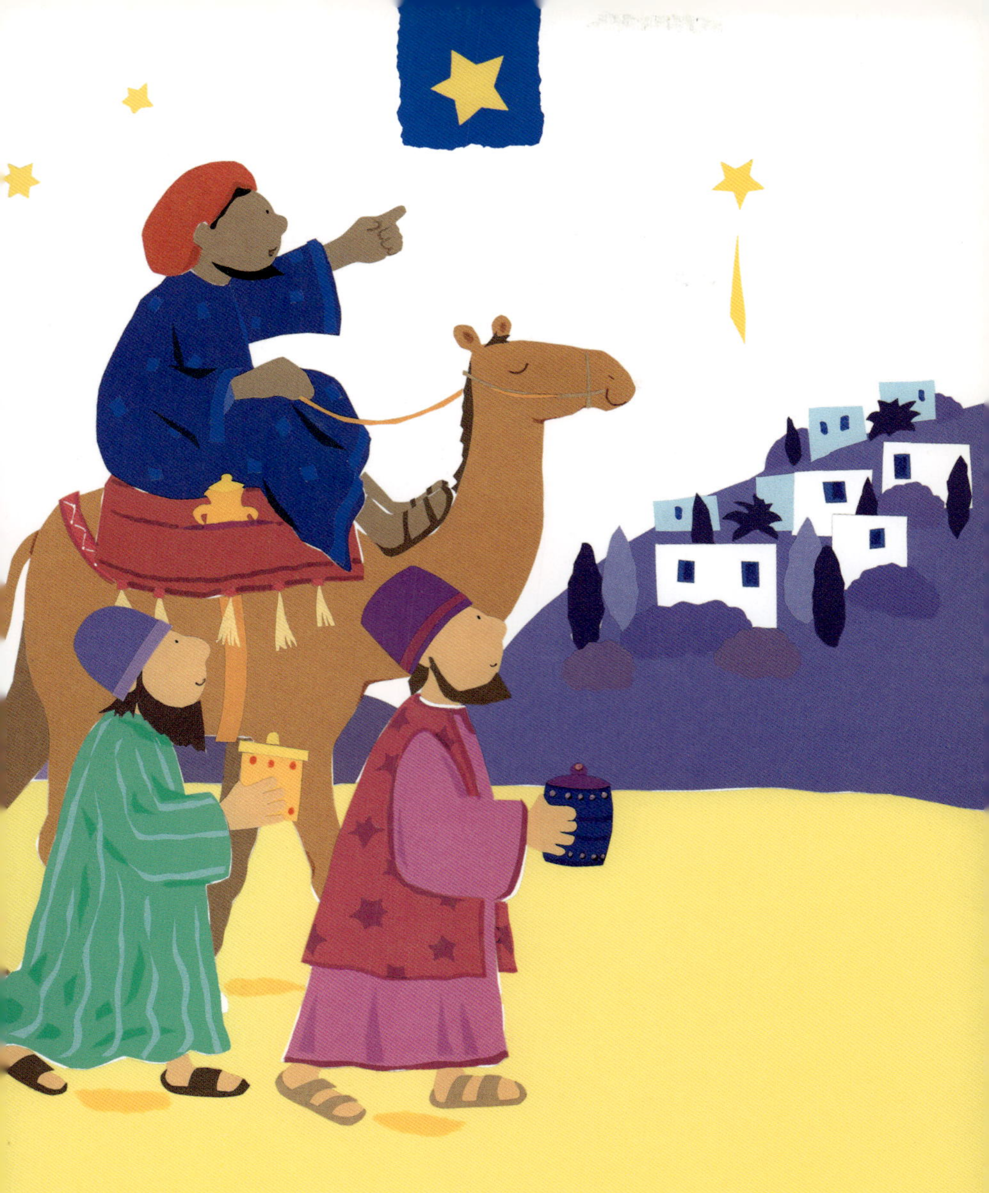

A estrela levou-os até o lugar onde Jesus estava.

Eles lhe ofereceram presentes: ouro, incenso e mirra.

Maria sorriu. Os presentes
de Jesus eram presentes de rei.

"O rei que vem trazer as bênçãos
de Deus para o mundo", pensou consigo.

Jesus vai crescendo

Jesus cresceu em Nazaré.

Ele aprendeu as antigas histórias: a respeito de Noé, de Abraão, e muitas outras.

Aprendeu a respeito de Moisés
e das leis que Deus lhe havia dado:
"Amar a Deus mais que tudo,
e amar os outros como a si mesmo".

Todo ano, as pessoas recordavam a história de Moisés e da grande fuga do Egito. Celebravam uma festa especial, chamada Páscoa.

O melhor lugar para celebrar a festa era em Jerusalém. Quando Jesus tinha doze anos, ele foi lá com Maria e José e muitas outras pessoas de Nazaré.

A parte mais importante da festa acontecia no Templo.

Por todo lado, havia mestres sábios sentados, conversando a respeito das histórias antigas e das leis que Deus havia dado a Moisés.

Acabada a festa, todo o povo
de Nazaré voltou para casa.

Já tinham andado uma parte do caminho,
quando Maria perguntou: "Onde está
Jesus? Não o vi o dia inteiro".

Ninguém o tinha visto.

Maria e José voltaram correndo para Jerusalém.

Enfim encontraram Jesus.
Estava sentado com os mestres
sábios, conversando sobre as
histórias antigas e as leis.

"Por que você está aqui?", perguntou Maria. "Estávamos muito preocupados por sua causa."

"Por quê?", perguntou Jesus. "Não sabem que devo estar na casa de meu Pai?"

Maria não entendeu essa resposta. Ela só queria que Jesus estivesse são e salvo.

Então Jesus voltou para casa.
Cresceu e tornou-se adulto.
Era um bom
filho para seus
pais. Aprendeu
o mesmo
trabalho
que José fazia.

Finalmente, um dia ele saiu de casa para começar um novo tipo de trabalho.

Jesus tornou-se um mestre sábio.
Ajudava as pessoas a entenderem
as histórias antigas e as leis. Queria
que o povo entendesse quem era Deus.

Queria que as pessoas entendessem quanto Deus as amava.

Jesus e seus Amigos

Jesus, o mestre sábio, falava ao povo a respeito de Deus. Dizia a todos que Deus os amava e os acolhia como amigos.

"Sigam-me", disse Jesus. "Venham
e escutem o que tenho a dizer,
e ajudem a espalhar a notícia."

"Nós vamos", disseram os pescadores.
Deixaram suas redes de pesca
e sua barca, e seguiram Jesus.

"Eu vou também", disse o coletor de impostos. Deixou seu dinheiro, seus amigos avarentos e seguiu Jesus.

"Eu também vou", disse a mulher rica, "pois ele está mostrando ao povo uma maneira boa de viver, e eu quero ajudar".

Houve outras mulheres também, ricas e pobres, que seguiram Jesus.

"Queremos seguir Jesus", disseram um pai e uma mãe, "porque nossa filhinha está morta..."

"Mas Jesus me fez ficar cheia de vida", disse a menina dançando.

Também outras dançavam:
pessoas que não conseguiam
andar até que Jesus as curou.

Os pardais cantavam felizes nas oliveiras.

Desciam até perto de Jesus.

Pulavam até pertinho dos pés dele.

Alguma coisa parecia dizer-lhes que
Jesus os observava e os amava também.

Algumas mães vieram procurar Jesus. "Queremos que Jesus faça uma oração por nossos filhos", disseram.

"Desculpem", disse um de seus amigos.
"Ele está muito ocupado."

"Não estou muito ocupado", disse Jesus. "Eu acolho bem as crianças. Pois Deus acolhe bem as crianças."

E todos os meus amigos devem
acolher bem as crianças
e amá-las."

O Buraco no Teto

Muitas pessoas vinham para ver Jesus e ouvir o que ele falava. Entre elas havia alguns mestres. Nem todos tinham certeza de gostar do que Jesus ensinava.

Certo dia, Jesus estava falando
ao povo dentro de uma casa.
A casa estava cheia de gente.

E mais pessoas estavam
chegando para ver Jesus.

"Ouvimos dizer que ele pode
curar fazendo milagres", disseram.
"Nosso amigo não pode andar.
Estamos trazendo-o aqui no
seu colchão para Jesus curá-lo."

Havia um problema: não tinham
nem como entrar na casa.

De fora da casa, uma escada conduzia ao teto.

Os homens levaram seu amigo lá para cima do teto.

Fizeram um buraco no teto e por meio de cordas baixaram o homem

bem na frente de Jesus.

"Todo o mal que está em você foi perdoado", disse Jesus sorrindo.

"Ele não pode falar assim!", disse um dos mestres sábios aos colegas. "Somente Deus pode falar isso."

Jesus sorriu. Ele queria que as pessoas entendessem que Deus ama a todos, que Deus perdoa a todos, que Deus deseja fazer todos felizes e que Deus quer que todos sejam amigos de todos.

Ele disse ao homem: "Levante-se e ande".

177

O homem levantou-se e foi para casa. Foi até carregando seu colchão.

E disse a seus amigos:
"Deus fez coisas
maravilhosas em mim".

A Barca na Tempestade

Jesus estava muito ocupado.
Parecia que sempre havia
muita gente querendo vê-lo.

Certa tarde, disse a seus amigos mais próximos: "Venham, vamos de barca para a outra margem do lago".

Seus amigos entraram na barca com ele.

Na barca, Jesus logo caiu no sono.

De repente, começou a soprar
um vento forte.

As ondas começaram a bater contra
os lados da barca.

As ondas estavam
invadindo a barca.

"Acorde e ajude-nos!",
gritaram os amigos de Jesus.
"Vamos afundar junto
com a barca!"

Jesus levantou-se.

"Acalmem-se", disse ele às ondas.
"Pare", disse ele ao vento.

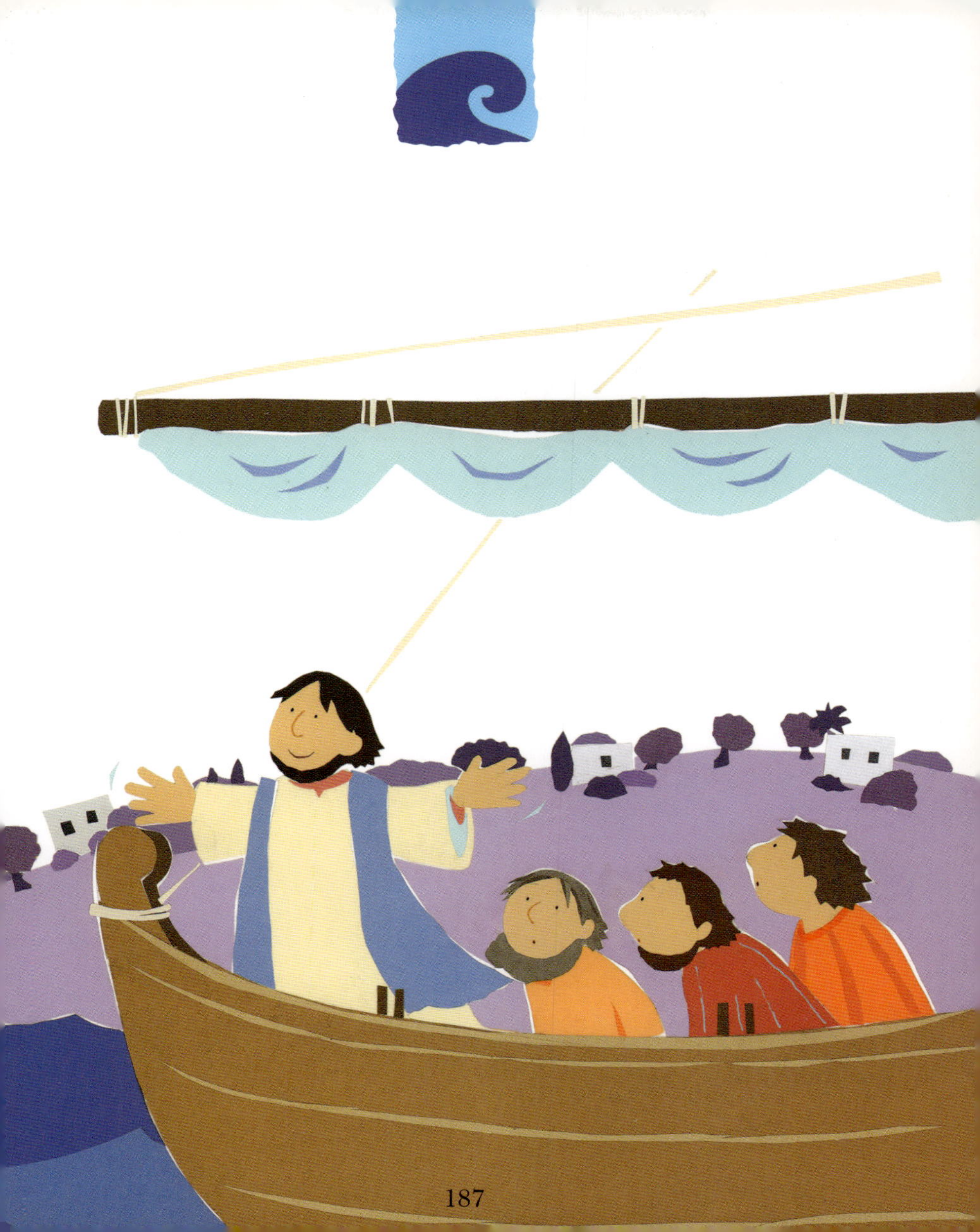

Então tudo se acalmou.
Tudo que era escuridão,
perigo e pavor acabou-se.

Raiou o dia, claro e luminoso.

"O que fez vocês ficarem tão assustados?", perguntou Jesus. "Não acreditam em Deus?"

Os amigos de Jesus sentiam que estavam salvos, mas estavam mais do que nunca assustados.

"Quem é nosso amigo Jesus?",
perguntavam uns aos outros.
"Quem ele pode ser? Até mesmo
o vento e as ondas lhe obedecem."

O Bom Samaritano

Certa vez, um mestre veio fazer esta pergunta a Jesus: "Qual é a maneira certa para se viver?"

Jesus lhe perguntou: "Você é um mestre. O que dizem as antigas histórias e as leis?"

O homem respondeu:
"Amar a Deus mais do que tudo, e amar os outros como você ama a si mesmo".

"Você está certo", disse Jesus.

"Já sabe o que deve fazer."
"Mas quem são esses 'outros'?", perguntou o homem.

Jesus contou esta história.

"Era uma vez um homem que estava viajando.

No caminho, os ladrões o atacaram.
Tomaram tudo o que ele tinha
e bateram nele.

Deixaram-no caído no chão.

Um sacerdote do Templo
passou por lá.

Viu o homem, mas correu logo
para o outro lado da estrada.

Um ajudante do Templo
passou por lá.

Chegou perto e olhou
para o homem.
Depois foi logo saindo.

Um samaritano
passou por lá.

'Os samaritanos não são gente
boa', disse um dos ouvintes.
'Eles não gostam de nós
e nós não gostamos deles.'"

Jesus continuou a contar a história:
"O samaritano viu o homem.
Parou. Enfaixou as feridas dele.

Depois colocou o homem em cima do seu jumento e levou-o para uma pensão.

Deu dinheiro ao dono da pensão, dizendo: 'Cuida dele até eu voltar. Se precisar gastar mais, eu vou pagar o que faltar'."

Então Jesus fez ao mestre esta pergunta:
"Quem mostrou o modo certo
de amar os outros?"

"Aquele que foi gentil",
respondeu o mestre.

E Jesus disse: "Então,
vá e faça a mesma coisa".

A Ovelha Perdida

Jesus acolhia bem toda espécie de gente: parecia não se importar com o tipo de pessoas que eram.

Alguns tinham ficado ricos roubando.

Alguns levavam uma vida errada.

Alguns tinham doenças tais que
ninguém queria chegar perto.

Os mestres ficaram surpresos
e pensavam: "Que tipo de pessoa
é Jesus, se ele deseja ser amigo deles?"

Jesus contou uma história.

"Imagine que você tem cem ovelhas. Você cuida bem delas.

Um dia, ao contá-las,
você vê que está faltando uma.

Onde ela estará?
O que você vai fazer?

Você deixa as outras noventa
e nove pastando no campo.

E vai procurar aquela
que se perdeu.

Procura daqui...

procura dali...

procura por toda a parte...

Quando a encontra, você fica
tão feliz que a põe nos ombros
e a leva para casa.

Você chama todos os amigos, dizendo:
'Venham comemorar comigo!
Eu tinha perdido esta ovelha,
mas encontrei-a de novo!'

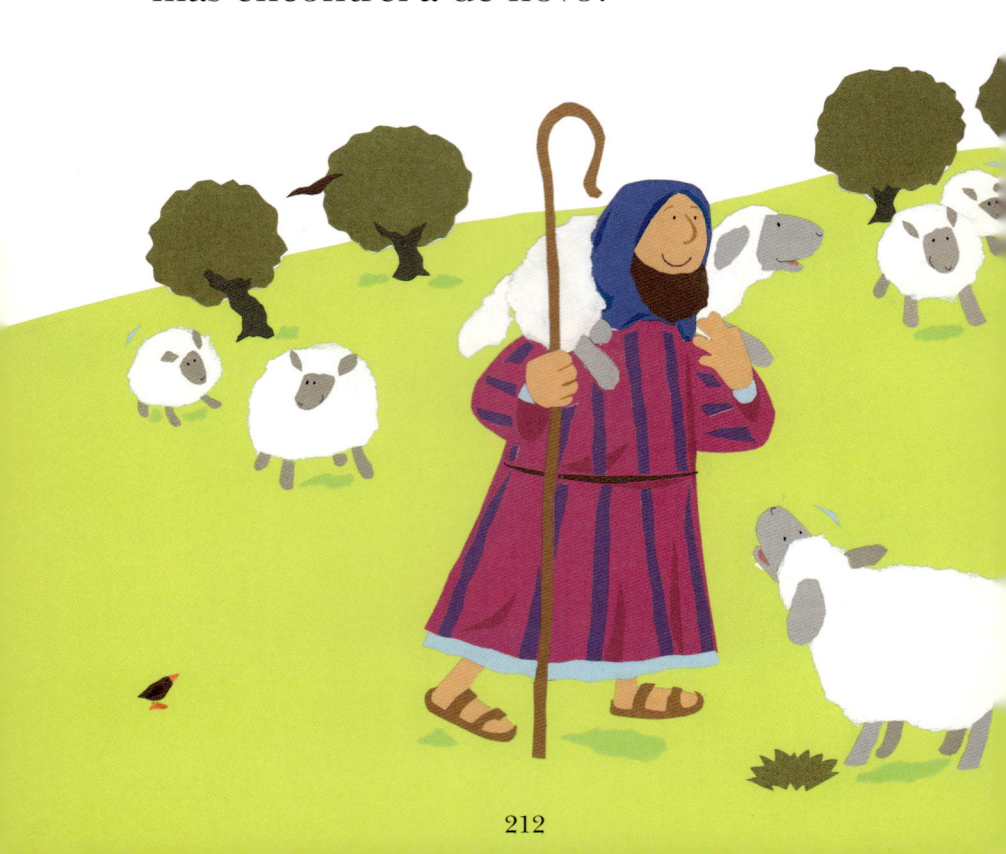

213

Deus é como este pastor", disse Jesus.
Deus vê as pessoas que levam
uma vida correta.
Deus vê também as que se afastaram
daquilo que é bom – e Deus cuida
delas também.

"Há mais alegria no céu quando alguém é encontrado e trazido de volta para casa do que pelos noventa e nove que já estão salvos."

Uma Oração para toda Hora

Jesus gostava de rezar a Deus.

Às vezes entrava num quarto sozinho e fechava a porta. Ali, na solidão e na calma, ele rezava a Deus.

Às vezes ele se levantava cedo e subia num morro. Lá, na solidão e na calma, ele rezava a Deus.

"Ensine-nos a rezar",
pediram-lhe seus amigos.

"Esta é uma oração para toda hora", disse Jesus.

219

"Pai do céu:
Que o seu nome seja
conservado santo.
Que venha o seu Reino
e que a sua vontade seja feita
na terra como é no céu."

"Eu sei o que isso quer dizer",
disse um dos amigos.
"Deus é o nosso bom pai.
Queremos que as pessoas
obedeçam a Deus e assim
o mundo todo será tão bom
como é o céu."

221

Jesus continuou:

"Depois digam assim:
Dê-nos hoje a comida
que precisamos".

"Muito bem! Não gosto
de ficar com fome",
disse alguém.

"A comida faz o corpo ficar forte", disse um outro, "mas precisamos também que Deus nos dê coragem, nos faça fortes interiormente".

Isso fez todo o mundo pensar.

"Peçam a Deus isto", disse Jesus.

"Perdoe-nos o mal que fizemos, como nós perdoamos o mal que os outros nos fizeram."

"Temos de perdoar todo mundo sempre?", perguntou o amigo chamado Pedro. "Eu procuro perdoar, mas algumas pessoas continuam fazendo coisas erradas."

"Você deve perdoar todo mundo sempre, sempre", respondeu Jesus.

E Jesus disse: "Depois, digam assim:

Não nos faça passar por uma dura provação, mas nos conserve livres daquele que é Mau".

Todos ficaram um pouco tristes.

"Coisas ruins acontecem com pessoas que vivem como Deus quer?", perguntou alguém.

Jesus suspirou e confirmou com a cabeça.
Ele sabia que viriam tempos difíceis pela frente.

"Mas Deus é Deus para sempre,
eternamente", respondeu um outro.

E isso fez todo o mundo ficar feliz.

Perto do Fim

Era um dia de primavera, na estrada para Jerusalém.

Muitas pessoas estavam chegando para celebrar a festa da Páscoa lá no Templo.

Jesus também chegou, montado num jumento.

A multidão o acolheu como a um rei. Agitavam ramos de palmeira e batiam palmas. "Deve estar começando o tempo em que Jesus fará do mundo inteiro um lugar melhor", disseram uns aos outros.

Jesus entrou no Templo. O lugar parecia um mercado. As pessoas estavam vendendo as coisas necessárias para a festa.

Jesus viu que estavam explorando
o povo com preços altos demais.

De repente, ele começou
a revirar o mercado inteiro.

"Que ousadia é esta?", gritaram
os encarregados do Templo.

"O Templo deve ser um lugar para rezar", disse Jesus. "E não um lugar onde o povo é roubado."

Os encarregados ficaram com muita raiva.

"Temos de acabar com a vida dele", combinaram. E começaram a fazer seus planos.

Poucos dias depois, Jesus reuniu-se com seus
amigos para a ceia festiva.

Ele os advertiu sobre os tempos difíceis
que estavam chegando.

Disse que deviam sempre amar
uns aos outros.

Partilhou com eles o pão e o vinho.
Falou que deviam sempre partilhar
o pão e o vinho e lembrar-se dele
deste modo especial.

Depois, Jesus saiu
para um lugar sossegado
a fim de rezar.
"Deus Pai", disse ele,
"eu não quero essas horas
difíceis, mas vou fazer
o que você quer".

Um dos amigos de Jesus
já estava colaborando no plano
para acabar com a vida de Jesus.

Ele veio com soldados
e estes levaram Jesus preso.

No dia seguinte,
Jesus foi morto,
pregado numa
cruz de madeira.

De tardinha, uns poucos amigos seus vieram
e levaram seu corpo para a sepultura.

"Precisamos dizer adeus a ele",
disse alguém.

O céu estava ficando escuro. "Com isto
deve ter acabado o tempo em que Jesus
faria do mundo um lugar melhor",
disseram chorando.

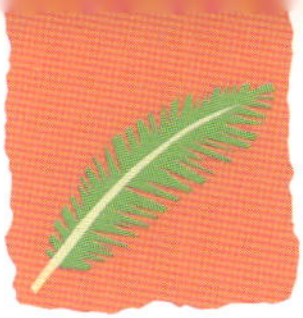

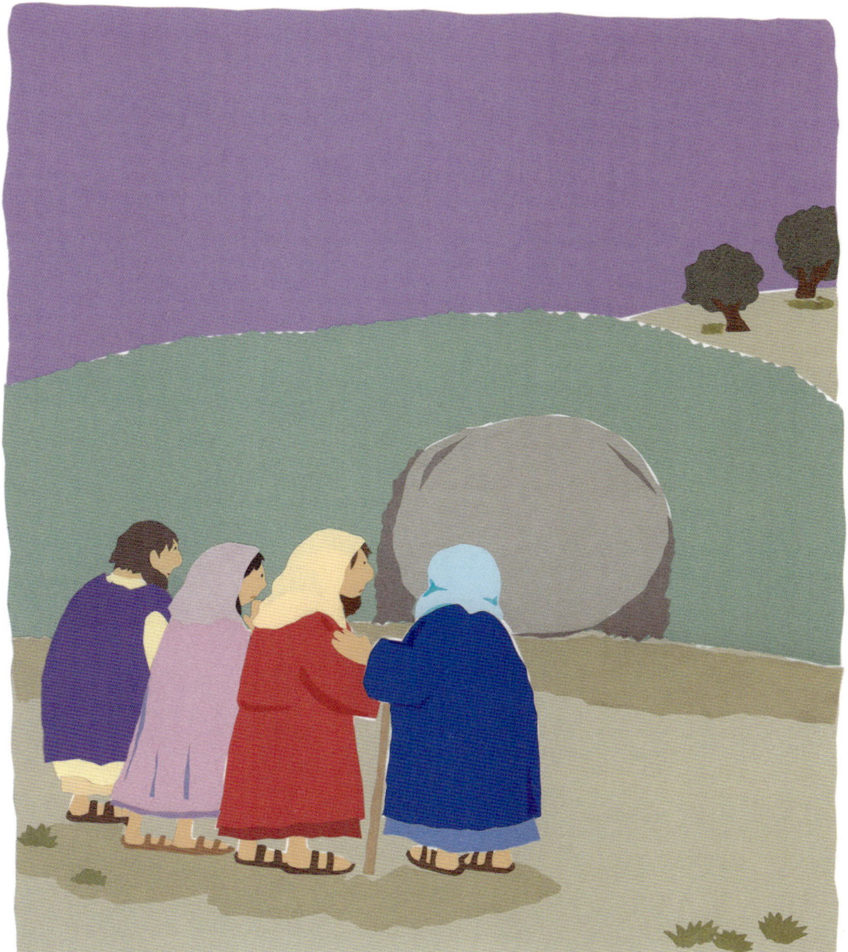

A Boa Notícia

Era o dia do descanso semanal. Os amigos de Jesus estavam muito tristes, porque Jesus estava morto.

"Vamos ter de nos esconder", disse um deles. "Podemos ter problemas porque somos amigos dele."

"Mas vamos voltar à sepultura dele", disseram as mulheres, "para fazermos uma despedida bem-feita".

Na manhã seguinte, bem cedo,
as mulheres foram até lá. Para sua surpresa,
a sepultura estava vazia.

Lá dentro estavam dois anjos, vestidos
com roupas brancas e brilhantes.
Disseram eles: "Jesus não está aqui;
ele está vivo".

Elas correram e foram contar aos outros,
mas realmente ninguém acreditou nelas.

Na tarde daquele dia, dois amigos de Jesus voltavam de Jerusalém para casa. Um homem estava andando pelo mesmo caminho. Enquanto eles caminhavam, conversavam a respeito de Jesus.

"Fique conosco", disseram os dois amigos quando chegaram em casa.

Enquanto estavam à mesa, o homem rezou a oração da refeição e partiu o pão para reparti-lo.

Os dois amigos descobriram que ele era Jesus. Mas na mesma hora ele desapareceu.

Outros amigos também viram Jesus.

Ele fez uma refeição com eles.

Ele os ajudou a entender que Deus continua sendo amigo quando as pessoas enfrentam dificuldades, e que Deus pode fazer tudo ficar bom e certo de novo.

Ele lhes deu um trabalho para fazer: contar essas notícias
pelo mundo afora.

Logo depois, Jesus foi para o céu.

Mas Deus deu aos amigos dele
o auxílio que eles estavam
precisando.

E de repente eles se sentiram corajosos.
E sabiam o que deviam falar.

Começaram a falar para todos
os que queriam escutar.

"Jesus veio de Deus até nós", explicaram.

"Veio para nos mostrar quanto Deus nos ama. As pessoas quiseram impedi-lo, mas os planos delas não foram adiante."

"Jesus está vivo, e isto prova que a sua mensagem é verdadeira: Deus quer que todos abandonem seus maus caminhos e venham para um lugar de felicidade. Deus nos acolhe a todos como amigos."

"Acolhe a todos neste vasto mundo para sempre."

Desde então essa notícia está sendo espalhada.

Índice

Vendo as páginas nesta lista, lembre-se de ler a história inteira para descobrir mais coisas.

A

Aarão Irmão de Moisés 58
Abrão, Abraão O homem que Deus escolheu para ser o pai-avô do povo todo 34, 118
Adão O primeiro homem foi chamado Adão 10
Amor Jesus falou muitas coisas sobre o grande amor de Deus para com as pessoas, e ele quer que elas se amem umas as outras 144, 156, 192, 204
Animais Deus fez um mundo cheio de animais 10
Deus falou a Noé como devia salvar do dilúvio os animais 22
Abraão tinha muitos animais 34
Davi espantava os animais ferozes que ameaçavam suas ovelhas 82
Jesus nasceu num curral cheio de animais 132
Anjo Os anjos contaram a notícia do nascimento de Jesus 132
Os anjos ficam alegres quando as pessoas mudam seu mau comportamento 204
Os anjos contaram a notícia da volta de Jesus à vida 240
Arca A barca de Noé chamava-se arca 22
Arco-íris Deus pôs um arco-íris no céu para mostrar que o dilúvio tinha terminado e como promessa de conservar o mundo salvo para sempre 22

B

Babilônia Cidade onde Daniel vivia 106
Barca Noé construiu uma barca 22
Jonas entrou numa barca 94
Jesus entrou numa barca com seus amigos pescadores 180
Belém Cidade onde nasceu Jesus 132
Benjamim Irmão mais novo de José 46

C
Canaã Terra onde o povo de Abraão ficou morando 34
Céu Onde Deus está 204, 216, 240
Crianças Míriam e Aarão 58
Davi 82
Jesus 144
Jesus acolhe as criancinhas 156
Cruz Jesus morreu numa cruz de madeira 228

D
Daniel Daniel foi lançado na cova dos leões 106
Davi O jovem pastor que lutou com um gigante
   e tornou-se rei 82
Deus Deus fez o mundo 10
Todas as histórias são a respeito de
   Deus e das pessoas

E
Egito A família de José foi para o Egito para fugir da fome 46
Muitos anos depois, seus filhos-netos foram feitos escravos e
   Moisés os ajudou a fugir 58
Escravo José foi vendido como escravo 46
Durante certo tempo, todas as pessoas da família de José
   foram feitas escravas no Egito 58
Eva A primeira mulher foi chamada Eva 10

G

Golias Soldado gigante vencido por Davi 82

I

Isaac Filho de Abraão e Sara 34

J

Jacó O pai que deu a José, seu filho preferido,
uma bonita túnica 46
Jericó Cidade de Canaã que Josué ajudou a conquistar 70
Jerusalém A grande cidade que tinha um Templo sobre
um monte; Neemias ajudou a reconstruí-la depois de
uma guerra 118
Jesus foi ao Templo lá quando era menino 144
Quando era adulto, Jesus ficou muito irritado com as
coisas erradas que aconteciam no Templo 228
Jesus Os anjos disseram que ele era o Filho do próprio Deus 132
Todas as histórias da página 132 em diante são a respeito de Jesus
Jonas O homem que fugiu para não fazer o que Deus queria 94
Jordão Rio na fronteira da terra de Canaã 70
José O primeiro José era famoso por sua bonita túnica 46
O outro José foi o esposo de Maria, mãe de Jesus 132, 144
Josué O homem que guiou o povo até a terra de Canaã depois que
Moisés ajudou o povo a fugir do Egito 70
Jumento Neemias andou num jumento ao redor de Jerusalém 118
O bom samaritano pôs no seu jumento o homem
que tinha sido atacado 192
Jesus entrou em Jerusalém montado num jumento 228

L
Leis Deus deu a Moisés leis para ajudar o povo a viver de maneira boa e certa 70, 118, 114, 192
Leões Daniel foi jogado na cova dos leões 106

M
Magos Os magos seguiram a estrela que os guiou até Jesus 132
Maria Mãe de Jesus 132
Menino O menino Moisés 58
O menino Jesus 132
Milagres Jesus fez milagres: curava as pessoas doentes 156, 168
Míriam Irmã de Moisés 58
Moisés O homem que Deus escolheu para guiar o povo desde o Egito até a terra que eles iam ganhar 58, 118, 144

N
Nazaré Cidade onde Jesus cresceu 132, 144
Neemias O homem que encorajou o povo a reconstruir Jerusalém 118
Nínive Cidade para a qual Deus mandou Jonas 94
Noé O homem que Deus escolheu para salvar do dilúvio a sua família e todas as espécies de animais 22

O
Oração Conversa com Deus; a respeito de pessoas que rezam orações, você pode ler nas histórias das páginas 82, 94, 106, 118 e 228
A oração especial de Jesus 216

P

Pão Jesus partilhou o pão e o vinho com seus amigos na noite antes de ser crucificado 228
Jesus partilhou o pão com dois outros amigos no dia em que voltou a viver 240
Parábola As histórias de Jesus são algumas vezes chamadas parábolas 192, 204
Páscoa Festa para lembrar de Moisés e da fuga do Egito 144
Peixe Jonas foi engolido por um grande peixe 94
Perdão Deus quer perdoar as pessoas e elas devem perdoar umas as outras 46, 94, 118, 168, 204, 216, 240
Pérsia Neemias morava na Pérsia 118
Pescadores Alguns dos melhores amigos de Jesus eram pescadores 156, 180
Pomba Noé soltou uma pomba da arca para ver se o dilúvio havia terminado 22
Presentes Os magos levaram presentes para Jesus 132

R

Rei Davi tornou-se rei 82
Os anjos disseram que Jesus era o rei especial de Deus 132
Há reis e governantes nas histórias das páginas 46, 58, 94, 106 e 118

S

Sacerdote Pessoa que ajuda o povo a adorar a Deus 118, 192
Samaritano Os samaritanos eram estrangeiros. Jesus contou uma história a respeito de um samaritano que socorreu um necessitado 192
Sarai, Sara A esposa de Abraão e mãe de Isaac 34

T

Templo Lugar de oração em Jerusalém 144, 192, 228